Lob des Steinquells

Klassische
koreanische Lyrik

Insel-Verlag
1988

Aus dem Sino-koreanischen übertragen,
nachgedichtet und herausgegeben
von Ernst Schwarz

ISSN 0233-1047
ISBN 3-7351-0099-6

Geleitwort

Als ich an einem sonnigen Spätnachmittag mit bewundernden Blicken vom Schiff aus die Küstenlinie vor der Einfahrt nach Nampo betrachtete, erinnerte ich mich unwillkürlich der Zeilen aus einem Gedicht von Tschö Tschi Won:

> Die Flut weicht zurück, die Ebbe setzt ein.
> Ich wandre im Abendsonnenschein
> den Strand entlang. Die Gipfel umziehn
> purpurne Wölkchen ...

Tschö Tschi Won war damals der einzige koreanische Dichter, dessen Werke ich ein wenig kannte. In einer verstaubten Bibliothek in Nanking hatte ich während meines verzweifelten Ringens mit den schier unüberwindbar scheinenden Schwierigkeiten der chinesischen Lyrik in der Einleitung zu seinen Schriften gelesen, daß dem zwölfjährigen Tschö Tschi Won vor der Abreise nach China von seinem Vater gesagt wurde: »Wenn du in zehn Jahren nicht den Titel eines Gelehrten erworben hast, betrachte dich nicht mehr als meinen Sohn!« Zwei der Gedichte Tschö Tschi Wons hatte ich auswendig gelernt und inzwischen längst vergessen. Beim Anblick der koreanischen Küste kamen mir die Zeilen wie durch ein Wunder wieder ins Gedächtnis zurück.

Meine Bekanntschaft mit Korea war leider zu flüchtig, um mehr als konturenhafte Eindrücke zu hinterlassen. Sie sollten viele Jahre später mit Form und

Farbe und Leben aufgefüllt werden. Und das geschah in Weimar.

Durch Zufall hatte ich nach einem anstrengenden Tag in Weimar zwei Bände einer Anthologie koreanischer Lyrik – besser gesagt: sino-koreanischer, also in chinesischen Schriftzeichen von Koreanern geschriebener Lyrik – in die Hand bekommen. Ich war sehr müde und zog mich bald nach dem Abendessen auf mein komfortables Hotelzimmer zurück. Vor dem Schlafengehen griff ich gewohnheitsmäßig nach einem Buch. Der Regen schlug gegen das Fenster. Ich las – und traute meinen Augen nicht. Ein alter Bekannter also! Tschö Tschi Won! Da stand:

> ... und lausch dem Regen, der ans Fenster pocht.
> Wißt ihr die Weiten, die mein Geist durcheilt,
> indes das Flämmchen niedernagt den Docht!

Seltsam! Die koreanische Küste tauchte aus der Erinnerung auf; das verstaubte Buch in Nanking; Tschö Tschi Won war wieder in mein Leben getreten. Und im Nu hatte ich meine Müdigkeit vergessen. Es war schon früh am Morgen, als ich den Gedichtband aus der Hand legte. Ich hatte fast alle Gedichte darin gelesen und eins davon sogar übersetzt. Von diesem Tag an ließ mir die koreanische Lyrik keine Ruhe mehr. Ich besorgte mir ein paar andere Sammelbände, und gleichsam als Erholung übersetzte ich in meinen abendlichen Mußestunden ein Gedicht nach dem anderen. Die konturenhaften Umrisse aus der Erinnerung füllten sich bald mit einem so intensiven und bedeutungsvollen Leben, daß ich wie die Quelle in Tschong Jak Jongs ›Lob des Steinquells‹ den Drang zur Nachdichtung dieser Gedichte in meiner Muttersprache nicht mehr zu zähmen vermochte.

Doch nicht nur aus subjektiven Gründen schien und scheint mir ›Lob des Steinquells‹ ein angemessener Titel für diese Nachdichtungen zu sein; denn ich denke, daß sich in diesem Gedicht in dichtester poetischer Gestaltung die unbezwingbare Kraft des koreanischen Volkes in seinem Streben nach Glück und Freiheit offenbart.

Die Natur hat Korea nicht nur mit wunderbaren landschaftlichen Schönheiten, mit bizarren Bergen, tosenden Wasserfällen, fruchtbaren Reisfeldern und Tausenden von Inseln ausgestattet, sondern dem Land zugleich eine so exponierte geographische Lage im Osten Asiens gegeben, daß es seit den Anfängen seiner Geschichte immer wieder Angriffen oder Übergriffen seiner Nachbarn ausgesetzt war. Zu Ende des zweiten Jahrhunderts v. u. Z. rückten chinesische Armeen des mächtigen Han-Kaisers Wu in die westlichen Gebiete Koreas ein und gründeten dort vier Präfekturen, von welchen die Siedlung von Lo-Lang in der Nähe des heutigen Pjöngjang die größte Bedeutung gewann. Das in viele Stammesfürstentümer aufgespaltene Land konnte sich erst nach dem Zusammenschluß in drei Reiche, Kogurjo, Päktsche und Silla, im ersten Jahrhundert unserer Zeitrechnung der Eindringlinge erwehren. 313 u. Z. fiel der letzte Stützpunkt Chinas Lo-Lang (korean. Nangnang) an Kogurjo. Angriffe der chinesischen Sue- und Tang-Dynastie zu Beginn des siebenten Jahrhunderts wurden zurückgeschlagen. Dabei erlitt Kogurjo, das durch seine Lage im Nordwesten der Halbinsel unmittelbar an China grenzte, die stärksten Verluste. So gelang es Silla, vom Südosten her schließlich ganz Korea zu einigen. Bis zu diesem Zeitpunkt war Chinesisch die einzige offizielle Schriftsprache in allen drei koreanischen Reichen. In der 651 in Silla errichteten Universität mußten die Studenten neun Jahre lang die ›Gespräche des Konfuzius‹, das ›Buch der Riten‹ und andere kanonische Schriften Chinas studieren. Silla hatte im Bündnis mit der chinesischen Tang-Dynastie 668 Kogurjo unterworfen. 675 wurden die Tang-Heere aus ihren Positionen in Kogurjo und Päktsche verjagt. Mit der Reichseinigung durch Silla kam es zu einem neuen Staatsbewußtsein, das nach einer Abkehr vom chinesischen Einfluß drängte. Die Einführung der angeblich von dem Gelehrten Sol Tschong im Jahre 693 systematisierten Idu-Schrift war ein Versuch in dieser Richtung. Man verwendete in der Idu-(Beamten-)Schrift zwar immer noch chinesische Schriftzeichen, zum Teil vereinfacht, doch jetzt nicht mehr als Ideogramme (Zeichen, die einen Begriff ausdrücken), sondern als Lautwerte für die Umschrift, also zur Lautwiedergabe der koreanischen Sprache, die sich syntaktisch und lexikalisch von der chinesischen grundlegend unterscheidet. Dieser Versuch hatte keinen durchschlagenden Erfolg, und zwar vielleicht nicht so sehr wegen der Unhandlichkeit der chinesischen Schriftzeichen und der Ungenauigkeit in ihrer Wiedergabe koreanischer Laute als vielmehr deshalb, weil der Zusammenfall von Gelehrtentum und Beamtentum unter der ideologischen Ägide des Konfuzianismus die Beibehaltung der chinesischen Schrift sehr bald als wesentlichen staatserhaltenden Faktor erkennen ließ. Die Wahrung der Kontinuität der konfuzianischen Lehren erforderte eine entsprechende Pflege des konfuzianischen Schrifttums im Original; und zugleich war es dem Beamten-Gelehrten natürlich ebenso wie in China angenehm, sich eben durch die Kompliziertheit der chinesischen Schrift und Literatur den Bestand seiner Kaste oder Klasse – der grundbesitzenden natürlich – zu sichern. Ebenso wie der Klerus mit Hilfe der lateinischen Sprache im mittelalterlichen Europa hob sich auch in Korea der Beamtenstand durch sein Privileg der Beherrschung einer komplizierten Fremdsprache und Schrift von den Massen ab und zugleich hoch über sie. Selbst in China wurde durch die Erstarrung der alten Schrift und die damit verbundene Entfremdung des Schrifttums von der sich weiter entwickelnden gesprochenen Sprache die Literatur ein Privilegium einer bestimmten Klasse oder zumindest Kaste. Von den in der Idu-Schrift verfaßten Gedichten des Hjangga (wörtlich: Heimatlieder) oder Sänänorrä (Gedichte des Ostens; mit Osten ist Korea gemeint) genannten Typs sind lediglich fünfundzwanzig überliefert. Das Lesen und Verstehen dieser in chinesischen Zeichen, dem Lautwert nach also nur annähernd wiedergegebenen Gedichten aus einer Zeit, da die koreanische Sprache anders ausgesprochen wurde als heute und andere Dialektformen hatte, bereitet den Fachleuten natürlich nicht wenige Schwierigkeiten. Von der Anthologie von Hjangga-Gedichten, die auf Befehl der Königin Tschinsong im Jahr 888 zusammengestellt wurde, ist nur der Name erhalten geblieben–Samdämok, was man mit ›Verzeichnis aus drei Epochen‹ übersetzen könnte. Zum Unterschied von Korea hat in Japan die in der Manyôgana genannten Lautschrift (die in der Asuka-, Hakuho- und Nara-Zeit–etwa 6. bis 8. Jahrh.–gleichfalls ohne Rücksicht auf den semantischen nur den phonetischen Wert chinesischer Zeichen für die Umschrift japanischer Wörter verwendete) aufgezeichnete erste große Gedichtsammlung Manyôshû mit fast 4500 Gedichten die Jahrhunderte überdauert.

Gegen Ende der Silla-Dynastie kam es zu einer partikularistischen Aufspaltung des Landes. Erbitterte Kämpfe zwischen den Feudalherren und Bauernaufstände untergruben die Autorität der Zentralmacht, bis schließlich der Fürst eines der inzwischen selbständig gewordenen Staaten 935 die alte Dynastie stürzte und das Land wieder einte. Die neue Dynastie nannte sich Korjo, und von diesem dynastischen Namen soll sich die in Europa gebräuchliche Landesbezeichnung Korea herleiten. Eine repräsentative Auswahl von Gedichten für die erste Hälfte des bisher überschauten Zeitraums von rund eintausend Jahren ist kaum möglich. Zuviel ist verlorengegangen. Auch das Lied ›Beschwörungsformel‹ am Anfang dieser Anthologie ist uns erst in einer sehr späten Quelle – einem Geschichtswerk aus dem ausgehenden 13. Jahrhundert – schriftlich erhalten geblieben. Wenn es auch sicher aus viel älteren Zeiten stammt und in mündlicher Überlieferung oder älteren Texten die Generationen überdauert haben mag, so gibt es doch nur ungenügende Anhaltspunkte, um ein annähernd zuverlässiges Datum für seine Entstehung anzugeben. Ebenso unsicher ist die Datierung des ›Lieds vom Goldamselpaar‹. Außer dem Gedicht des Ultschi Mundok an den General der Sue-Dynastie, das sowohl historisch wie auch menschlich und künstlerisch interessant und ansprechend ist, lassen vor allem die Gedichte Tschö Tschi Wons auf den ersten Blick erkennen, daß die koreanische Dichtung zu Ausgang des ersten Jahrtausends u. Z. eine Höhe erreicht hatte, die sie der Lyrik Chinas durchaus vergleichbar macht. Tschö Tschi Won brauchte übrigens nicht einmal die ihm von seinem Vater zugebilligten zehn Jahre, um die kaiserlichen Prüfungen der Tang-Dynastie zu bestehen. Mit achtzehn Jahren hatte er seinen Gelehrtentitel bereits mit hohen Ehren errungen.

Die Korjo-Dynastie, die bis 1392 herrschte, stieß anfangs auf große Schwierigkeiten, ihre hart erkämpfte Machtstellung gegen die an partikularistische Selbständigkeit gewöhnten Feudalherren zu behaupten. Außer militärischen Mitteln bediente sie sich zunächst vor allem der ideologischen Waffe des konfuzianischen Staatsgedankens, der Schulung in den ›Riten‹, des Loyalitäts- und Pietätsprinzips, wie es in den kanonischen Schriften der Konfuzianer gelehrt wurde. 958 wurde nach chinesischem Muster das Prüfungssystem für die Beamtenschaft eingeführt, das sich mit entsprechenden Modifikationen bis zum Jahre 1894 in Korea erhielt. Chinesisch war damit offiziell zur Gelehrten- und Beamtensprache erklärt worden. Die Agrarreform, die 976 durchgeführt wurde, basierte eben auf jener konfuzianischen, durch ›Riten‹ gestützten Rangordnung, welche alles Land als Eigentum des Herrschers erklärte und die Verteilung des Bodens nach hierarchischen Prinzipien, nach dem Beamtenrang auf Lebenszeit vollzog. Die Benutzung des konfuzianischen Staatsgedankens im Prüfungssystem und in der hierarchischen Ordnung der Gesellschaft hinderte die Korjo-Dynastie aber keineswegs, auch dem Buddhismus eine Vorzugsstellung einzuräumen. In der Korjo-Zeit blühte nicht nur die Dichtung in chinesischer Sprache, auch die von chinesischem Einfluß freien Volkslieder im Tschangga-Stil (wörtlich: Lange Lieder – Kettengedicht) erfreuten sich einer großen Beliebtheit. Die für die konfuzianischen Puritaner höchst anstößige Sinnenlust, die sich in diesen von Lebensfreude getragenen Volksdichtungen ausdrückte, führte zu einer so erbitterten Ausrottung der noch vorhandenen Aufzeichnungen unter der nächsten Dynastie, daß insgesamt nur zwölf der volkstümlichen Gedichte im Tschangga-Stil den scharfen Augen der literarischen Inquisitoren entgingen und in zwei Musikbüchern verborgen ihr zensurwidriges Dasein bis in aufgeklärtere Zeiten fristeten. Während den mehr als dreihundert Jahren ihrer Herrschaft hatte die Korjo-Dynastie wiederholt mit gefährlichen Gegnern zu kämpfen. Nacheinander fielen die Kitan, die Mongolen, die Chinesen und schließlich japanische Piraten in Korea ein. In ähnlicher Weise wie in China machten sich auch in der Geschichte Koreas immer wieder die verderblichen Wirkungen übermäßiger Bodenkonzentration in den Händen des Adels und der buddhistischen Klöster bemerkbar. Die Folge davon waren Aufstände der unterdrückten und hungernden Bauern. Als in den letzten Jahrzehnten des 14. Jahrhunderts General Ri Song Kje als Führer der Reformpartei gegen die Latifundienbildung und für die Stärkung der Zentralmacht auftrat, versuchte zwar der hohe Feudaladel seine Privilegien mit allen Mitteln zu verteidigen, aber der General fand Unterstützung bei der Armee und setzte 1392 den letzten König der Korjo-Dynastie ab. Der Buddhismus hatte in der zweiten Hälfte des 4. Jahrhunderts durch den chinesischen Mönch Schun-tau zunächst Eingang in Kogurjo gefunden. Noch vor

Ende dieses Jahrhunderts gab es eine Reihe von Tempeln in Pjöngjang und anderen Orten, die allmählich als Zentren buddhistischen Glaubenseifers die neue Lehre auszustrahlen begannen. Auch die buddhistische Gelehrsamkeit fand in Korea fruchtbaren Boden. 541 wurde ein Botschafter von Silla an den Ljang-Hof in Nanking entsandt, um unter anderem auch einen Kommentar für die Nirvana Sutra zu erbitten. Und kaum zwei Jahrhunderte nach Einführung des Buddhismus in Korea brachten koreanische Mönche nun ihrerseits den Buddhismus nach Japan. Im 8. Jahrhundert reiste ein koreanischer Mönch sogar nach Indien. Während der Korjo-Dynastie spielte der Buddhismus in Korea bald eine ähnliche Rolle wie die Kirche im europäischen Mittelalter: er wurde Staatsreligion. Außer seiner Funktion als eines, wenn auch keineswegs des einzigen Kulturträgers, setzte sich der Buddhismus auch im Wirtschaftsleben des Landes fest. Durch fromme Spenden seiner Gläubigen und andere weniger lautere Mittel entrissen die Klöster den Bauern, ja sogar dem Staat so viel Bodenbesitz, daß die Äbte in ihrer Macht als Grundherren bald kaum hinter dem Adel zurückstanden. Vom Ende des zwölften Jahrhunderts an kam es daher immer wieder zu Aufständen der bis aufs Blut ausgesaugten Bauern gegen ihre adeligen und klerikalen Peiniger. In dieser Situation sozialer, politischer und wirtschaftlicher Unruhe und Unzufriedenheit, die in nicht geringem Maß auch durch die weltlichen Machtansprüche buddhistischer Kreise bedingt waren, zogen sich viele Gelehrte und Dichter enttäuscht und angewidert vom Hof- und Beamtenleben zurück und suchten Zuflucht in der Philosophie und Lebensweise der Dauisten. Als Ausdruck der bewußten Einfügung des Menschen in die Natur gewann die Landschaftslyrik eine emotionale Intensität, die in direkter Proportion zu dem seelischen Druck einer hoffnungslos erscheinenden Gesellschaft auf den Dichter stand. In dem Lob der Natur, des Reinen und Unverfälschten, und in der Hingabe an ihre unpersönliche Schönheit spiegelt sich der Protest gegen eine unsaubere, von kleinlichen egoistischen Trieben gelenkte Welt wider. Ein Vorbild der Poeten jener Zeit war der berühmte chinesische Dichter Tau Yüen-ming (365?–426), in dessen Dichtungen das Landleben und seine schlichten und kargen, aber menschlich tiefen Freuden gleichfalls als Ausweg aus einer selbstsüchtigen, beängstigenden, unmenschlichen Welt gezeigt wurde. Tschö Ju Tschongs ›Über das Leben‹, Ri Tscho Hjons ›Lied im Spätfrühling‹, Kim Rjang Kjongs ›Der Stein‹, Tschö Tschungs ›Impromptu‹, vor allem aber Ri Tsche Hjons ›Nachts auf einer Dienstreise im Boot geschrieben‹ und Ri Koks ›Blick auf den Westberg‹ drücken mit wechselnder Intensität, bald rein kontemplativ, bald wieder mit versteckten oder sogar offenen Angriffen auf die Gesellschaft ihrer Zeit, dieses Sentiment der Abkehr und schmerzlichen Unzufriedenheit aus. O Suns ›Pavillon ‚Zur Betrachtung des Ackerns'‹ fügt diesem Sentiment noch eine sarkastische Note hinzu. Die ›Poesie der Ressentiments‹, des mehr oder minder kühn geäußerten Unmuts des Gelehrten und Dichters im Feudalzeitalter Koreas beschränkt sich freilich nicht nur auf eine bestimmte Dynastie; sie findet immer wieder neuen Nährboden; doch ihre formative Periode, die in einem besonderen Typ der Landschaftslyrik, verwoben mit philosophischen Betrachtungen und gesellschaftskritischen Anspielungen, kulminierte, fällt in das 12. und 13. Jahrhundert, in die Spätzeit der Korjo-Periode.

Mit dem Sieg der Reformpartei unter ihrem Führer, General Ri Song Kje, durch einen coup d'état (1388) und die darauffolgende Gründung der Ri-Dynastie (1392–1910) erhielt das Land nicht nur einen neuen Namen – es hieß fortan Tschoson – Land der Morgenfrische –, sondern auch ein neues Lebensgefühl, das sich sehr deutlich in dem Gedicht Kuon Kuns ›Hymne auf das Kimgan-Gebirge‹ widerspiegelt. Die Grundlage der Welle des Optimismus und der Lebensfreude, die zu Anfang der Dynastie die Herzen der Menschen beseelte, war vor allem die Beseitigung der feudalpartikularistischen Aufspaltung und Zerrüttung des Landes, die erfolgreiche Vertreibung der japanischen Piraten und die relative Ruhe im politischen und wirtschaftlichen Leben, die den Bauern und Handwerkern die Möglichkeit einer schnellen Wiederherstellung und weiteren Entfaltung der Produktivkräfte gab. Die Erfindung des Buchdrucks mit beweglichen Lettern zu Beginn der Dynastie (etwa 1400) und die für Korea noch viel bedeutsamere Erfindung einer eigenen, aufgrund von Studien und Vergleichen vieler anderer Schriftarten Asiens entwickelten Schrift (1443–1446) eröffneten dem kulturellen Fortschritt Koreas neue Möglichkeiten. Mit der Festigung der Zentralmacht gewann der Konfuzianismus die absolute Vorherrschaft auf ideologischem Gebiet. Der Buddhismus wurde unterdrückt, was man auch damit logisch zu begründen suchte, daß man ihm den Untergang der Korjo-Dynastie zur Last legte. Freilich hatte die Bevorzugung des Konfuzianismus auch den sehr deutlich erkennbaren politischen Zweck, mit Hilfe seiner

Lehre vom ›Mandat des Himmels‹, das dem neuen ›tugendhaften‹ Herrscher Macht über eine Dynastie, deren ›Tugend‹ erloschen ist, verleiht, die Usurpation in eine Fügung des Himmels umzumünzen. Die Konfuzianer ergriffen alsbald die Gelegenheit, um ihre Macht zu demonstrieren: zugleich mit der Institutierung eines streng konfuzianischen Ritualsystems, das natürlich auch Dichtung und Musik mit einbezog, führten sie eine strenge literarische Inquisition der Volkspoesie der vorhergegangenen Korjo-Periode durch. Liebeslieder wurden einfach als ›obszön‹ und alles übrige als ›phantastisch‹ oder ›buddhistisch‹ der Verdammnis und Vernichtung preisgegeben.

Ehe wir auf die sino-koreanische Lyrik dieser Epoche eingehen, wollen wir noch kurz die Genres erwähnen, die sich nach der Promulgation der Nationalschrift unter König Sedschong (1419–1450) entwickelten.

In der zum Teil ehrlichen anfänglichen Begeisterung der Beamten und Dichter für das neue Herrscherhaus bildete sich eine Art panegyrischer Gesang heraus, den man Aktschang nannte. Das war insofern natürlich für den orthodoxen Konfuzianer, als jede ›tugendhafte‹ Dynastie, insbesondere durch ihre Begründer und Ahnherren, ihrem ›Mandat des Himmels‹ in einem Kodex von Riten, poetisch-literarischen Dokumenten und Hofmusik ein sichtbares Zeugnis und damit Bestand verleihen mußte. Dies gehörte unbedingt zum Legitimierungsprozeß einer neugegründeten Dynastie. Ein Novum unter der Ri-Dynastie war die Abfassung eines epischen Panegyrikons auf vier Ahnherren und zwei Könige der Ri-Dynastie, die als ›sechs Drachen‹ symbolisiert und mystifiziert wurden, in der neuerfundenen köreanischen Schrift. Dieses panegyrische Epos Jongbi Otschon Ka (Lied vom emporsteigenden Drachen) wurde 1445 dem Thron überreicht. Im Prozeß seiner Abfassung sollte zugleich die Verwendbarkeit der neuerfundenen koreanischen Schrift Hunmin Tschongum (Richtige Laute zur Instruktion des Volkes) geprüft werden. Sie erwies sich als durchaus geeignet, der reichen und von der chinesischen Sprache so verschiedenen koreanischen Sprache endlich ein adäquates graphisches Medium zu bieten. Und trotzdem – und auch trotz des offensichtlichen Interesses des Königs Sedschong an ihrer Einführung und allgemeinen Verbreitung – setzte sich die neue koreanische Schrift nur in sehr beschränktem Maße durch. Die konfuzianischen Gelehrten nannten sie bezeichnenderweise Onmun, was soviel wie ›vulgäre‹ oder ›Barbaren‹-Schrift heißt. Und in dieser verächtlichen Bezeichnung birgt sich auch schon der Hauptgrund, warum sich trotz ihrer offensichtlichen Zweckmäßigkeit ihre allgemeine Anwendung um beinahe fünfhundert Jahre hinauszögerte. Wie bei der Gründung der Silla-Dynastie, die zugleich die erstmalige Einigung Koreas bedeutete, verlangte auch die so erfolgreiche Ri-Dynastie in ihrer populären Anfangszeit nach einer Manifestation koreanischer Selbständigkeit. Die Einführung einer koreanischen Schrift und damit die erweiterten Möglichkeiten der Entfaltung einer koreanischen Literatur boten sich als ideale Mittel zur Verwirklichung dieses Ziels an. Zugleich aber benötigte die Dynastie ein starkes ideologisches Gerüst, das sowohl ihre Usurpation rechtfertigen wie auch ihre Herrschaft auf einer erprobten Grundlage festigen und erhalten konnte. Ohne Konfuzianismus und ohne konfuzianischen Gelehrten- und Beamtenstand konnte sie und wollte sie auch nicht auskommen. Und ohne die in chinesischer Schrift geschriebenen kanonischen Bücher und ihrer orthodoxen Interpretationen war dieser Gelehrten- und Beamtenstand nutzlos, machtlos und überflüssig. Darum klammerte er sich – und mit ihm die auf ihn angewiesene Dynastie und Aristokratie – schließlich doch hartnäckig an die ›Hanmun‹ – die chinesische Schrift – und setzte der ›Onmun‹ – Literatur bewußt oder unbewußt Schwierigkeiten entgegen. Das heißt natürlich nicht, daß es nicht auch unter Angehörigen des Gelehrtenstandes, dem Volk und seinen Bedürfnissen ergebene Menschen gab, die über ihre Standesinteressen hinausdachten und auch gerne oder zumindest gelegentlich ihre Gedanken und Gefühle nicht in einer fremden Sprache und Schrift, sondern in ihrer Muttersprache und der Schrift Koreas ausdrückten.

Neben den höfischen Panegyriken des Aktschang-Typs entwickelten sich zu Beginn der Ri-Dynastie zwei weitere lyrische Ausdrucksformen von viel größerer Bedeutung: die Verserzählung, Kasa, deren Textgestaltung sich ursprünglich an bestimmte Melodien, also an fixierte tonale Muster hielt, bis sich das literarische Element über das musikalische hinaus verselbständigte; und das Kurzgedicht, Sidscho, das äußerlich gewisse Ähnlichkeiten mit dem japanischen Haiku zeigt, seinem Wesen nach aber als eine eigenständige, wahrhaft volkstümliche Schöpfung des koreanischen Nationalgenius zu werten ist. Keine andere Versart erfreute sich in Korea einer größeren Beliebtheit und einer weiteren Verbreitung in allen Schichten des Volkes als das Kurzgedicht Sidscho, das in seinem Themenkreis und der Weite seiner Gefühlswelt keine Schranken kannte. Darum fanden sowohl die Gelehrten bei ihren literarisch verbrämten Trinkgelagen wie auch Leute aus dem Volk bei weniger vornehmen Festivitäten im Sidscho eine sehr geeignete Form der wirkungsvollen und ansprechenden Stegreifdichtung. Als Beispiel eines solchen ›Gelegenheitsgedichts‹ mag das Liedchen des berühmten Literaten Ri I (1536–1584) dienen:

Im Sonnenlicht ragt die Felsenwand.
Dort hinten sind überm flachen Land
die Berge wie auf ein Bild gespannt.
Gern hätt ich in dieser grünen Welt
einen Krug voll Wein in den Wald gestellt –
Ob sich ein Freund zu mir gesellt?

In der Kasa-Dichtung nimmt die Dichterin No Nansorhon (deren Bruder Ho Kjun einen mutigen und literarisch wertvollen sozialkritischen Roman, Geschichte von Hong Kil Dong, schrieb und als Kämpfer gegen die feudale Unterdrückung des Volkes hingerichtet wurde) einen hervorragenden Platz ein. In unserer Anthologie ist No Nansorhon mit dem ›Lied vom Armen Mädchen‹ vertreten, das gleichfalls mit kühnen, scharfumrissenen Bildern ein sozialkritisches Thema behandelt.

Auch in der Sidscho-Dichtung war es eine Frau, Hoang Tschin I (geb. 1516), die sich höchsten Ruhm erwarb. Sie gilt als die bedeutendste koreanische Dichterin der klassischen Zeit überhaupt. Mit einer packenden Intensität, Prägnanz und Farbenpracht vermag sie in den unten versuchsweise nachgedichteten Zeilen die ganze Natur in ihr persönliches, subjektives Gefühl harmonisch mit einzubeziehen, so daß sich Liebes- und Landschaftslyrik aufs engste miteinander verbinden und der Schmerz, in der Größe des Schaubaren, eine über das Selbst hinausragende überpersönliche und läuternde Bedeutsamkeit erhält:

Von meiner Liebe spricht der Berge Bläue,
des Wassers Grün von meines Liebsten Treue.
Das Wasser, ewig strömend, sucht das Neue.
Dem Berg kann nichts die Felsenstärke nehmen!
Wird sich das Wasser nach dem Berge sehnen,
wenn es dahineilt, aufgelöst in Tränen?

Schon im ersten Jahrhundert ihrer Herrschaft gab die neue Dynastie ihren Anhängern reichlich Veranlassung, viel von ihrer ursprünglichen Begeisterung zu verlieren. Bald nach dem Tod des Königs Sedschong, des Begründers der neuen koreanischen Schrift, kam es zur Usurpation des Sejo (1455) und der Gewalt- und Mißherrschaft des Tyrannen Yon San Gun. Bei einem Versuch, den abgesetzten König Tandschong wieder auf den Thron zu bringen, büßte auch der berühmte Dichter Song Sam Mun (1418–1456) sein Leben ein. ›In den letzten Stunden geschrieben‹ zeigt die unerschrockene Haltung dieses großen und vielseitigen Dichters und persönlichen Freundes des Königs Sedschong. Die ideologische Alleinherrschaft des Konfuzianismus führte zu pseudo-ideologischen Auseinandersetzungen innerhalb der beamteten Gelehrtenschaft, hinter welchen sich unter dem Mäntelchen von staatswichtigen ethischen Fragen, wie die korrekte Anwendung bestimmter Riten, scholastische Definitionen des Loyalitätsbegriffes, Farbe und Art des Hofornats und der Amtstrachten und dergleichen mehr, gefährliche Cliquen-Kämpfe verbargen. Schon 1504 fielen die ersten Opfer. Auch der hochbegabte junge Poet Pak Un (1479–1504) starb in dieser ersten Metzelei der literarischen Inquisition. Diese brutalen Machtkämpfe, die gelegentlich Erbitterung und Haß bis über den Tod hinaustrugen und zum Wiederausscharren und der Verstümmelung der Leiche des ›geistigen‹ Widersachers führten, nahmen offenbar ihren Ursprung in den literarischen Säuberungsaktionen der Konfuzianer zu Anfang der Ri-Dynastie gegenüber der ›obszönen‹, ›buddhistischen‹ oder ›phantastischen‹ Dichtung der vorhergegangenen Dynastie. Die orthodoxe Schule verdammte jegliche künstlerische Regung, die außerhalb der engumschriebenen ethischen Sphäre des Konfuzianismus fiel. Die ›falsche‹ Schule wiederum tendierte über das Ethische und Orthodoxe hinaus zum Ästhetischen in Inhalt und Form. Der Streit der Gelehrten führte schließlich zu einer Aufspaltung in zahlreiche Cliquen und Klüngel, bis unter dem Druck schwerwiegender Ereignisse allmählich eine weniger irreale Tendenz unter den vernünftiger denkenden Gelehrten die Oberhand gewann: Die sogenannte ›Sirhak‹-Bewegung, die Schule der ›realen Wissenschaften‹ – eine pragmatische Tendenz.

Den von außen kommenden Ereignissen, die Korea zu Ende des 16. und in den zwanziger und dreißiger Jahren des 17. Jahrhunderts schwere Schicksalsschläge versetzten, ging über ein Jahrhundert der inneren Schwächung voraus. Außer den Machtkämpfen in den höchsten Spitzen der herrschenden Klasse hatte sich durch die wachsende Konzentration des Bodenbesitzes die Lage der Bauern wieder verschlechtert. Bis zum Ende der Ri-Dynastie erschütterten immer wieder Bauernaufstände die Herrschaft der sich oft nur mehr mit brutaler Gewalt behauptenden Klasse der Feudalherren. Die erste große Katastrophe von außen her befiel die Ri-Dynastie im Jahre 1592. Der mächtige Hideyoshi Toyotomi hatte seine Heere ausgesandt, um Korea auszuplündern und Japan botmäßig zu machen. Nur unter Aufbietung aller Kräfte des Volkes und mit Hilfe chinesischer Armeen gelang es 1598, die Japaner zurückzuschlagen. Doch schon ein Vierteljahrhundert später gefährdeten wieder andere Eindringlinge die Existenz Koreas; diesmal nicht von Süden her wie die Japaner, sondern von Norden. 1627 konnte der Angriff der einfallenden Mandschu noch abgewehrt werden; ein Jahrzehnt später mußte Korea vor ihnen kapitulieren – und kaum ein weiteres Jahrzehnt später auch China. Korea wurde ein Vasallenstaat der Mandschu, der bis zum Eindringen der Japaner vor dem Chinesisch-Japanischen Krieg von 1894–1895 noch eine relative Selbständigkeit bewahren konnte. Mit der Annexion Koreas durch die Japaner im Jahre 1910 hörte Korea vorübergehend als selbständiger Staat zu existieren auf. Erst mit der Befreiung im Jahre 1945 begann für Korea ein neuer Abschnitt der freien Entfaltung seines nationalen Genius. Seit dem Einfall der Mandschu hatte die feudale Herrscherklasse Koreas eine hermetische Abriegelung des Landes von allen Völkern außer ihren mandschurischen Oberherren als das sicherste Mittel betrachtet, sich ungestört der feudalen Unterdrückung und Ausbeutung des eigenen Volkes hingeben zu können. Die Versuche der Sirhak-

Partei, Reformen durchzuführen, konnten angesichts der wie ein bösartiges Geschwür um sich greifenden Korruption keine nennenswerten Resultate erzielen. Latifundienbildung, Unterdrückung jeglichen Fortschritts, sogar des Handels und Handwerks, grausame feudale Ausbeutung, Bauernaufstände und Rebellionen, die sich schließlich sowohl gegen die Herrscherklasse im Inland wie auch gegen die fremden Aggressoren wandten – wie der Aufstand von 1893/94, der den unmittelbaren Anlaß oder Vorwand zum Chinesisch-Japanischen Krieg lieferte – leiteten den Ausklang des Feudalzeitalters in Korea und damit auch das Ende der Periode ein, die unsere kleine Anthologie koreanischer Lyrik in Hanmun (in Sino-Koreanisch) umfaßt.

Nach dieser gedrängten Übersicht der fünfhundertjährigen Geschichte der Ri-Dynastie wird es nicht schwer zu verstehen sein, daß nach der kurzen Periode nationalen Aufschwungs zu Beginn der Dynastie sehr bald eine depressive, kritische, sozialkritische oder gar pessimistische Grundhaltung das literarische Leben Koreas bestimmen mußte. Die zumeist nichtigen und grausamen Auseinandersetzungen in den beamteten Gelehrtenkreisen am Königshof konnten unter den feinfühligen und patriotisch denkenden Dichtern nur Abscheu und Ekel erwecken. Ihr eigenes geistiges und oft auch materielles Elend sowie ihre Lebensunsicherheit brachte ihnen das Elend der unterdrückten Volksmassen näher. Sehr oft finden wir nun nichts mehr von der herablassenden Anteilnahme des gelehrten Edelmannes in den sozialkritischen Gedichten. Die Umstände haben den gelehrten Dichter selbst Anteil an diesem Elend nehmen lassen und ihm damit eine neue, stärkere, im Volk begründete Subjektivität vermittelt.

Der lebensfreudige Ton eines Kuon Kun wie in der ›Hymne auf das Kimgan-Gebirge‹ verliert sich alsbald in der düsteren und oft unheildrohenden Stimmung von Gedichten wie ›Die siechende Fichte‹ von Ri Tschik oder dem bitteren, anklagenden, geißelnden Ton sozialkritischer Werke wie ›Aja! Aja!‹ von Ri Sok Hjon oder des ›Lieds vom Elend‹ von O Mu Tschok. Nur selten noch findet die ungetrübte Idylle einen sicheren Standort im Gewissen des Dichters. Immer wieder wird die scheinbare Ruhe und Stille eines Landschaftsbildes von einem störenden Element, einem oft schrillen, unheimlichen Klang zerrissen. Und gibt es ein ergreifenderes Bild menschlichen Elends, sozialer Unsicherheit und Hoffnungslosigkeit als Kuon Pils ›Hundeschlacht‹; – und doch ist diese totale Entlarvung sozialer Mißstände in einem so verhaltenen und zugleich bis zum Bersten mit Emotion gefüllten Ton geschrieben, daß man noch lange nach der Lektüre den Alpdruck des hier geschilderten Elends wie ein persönliches Erlebnis mit- und nachempfindet. Aber die Verhaltenheit ist zum Unterschied zur chinesischen kein unbedingt charakteristischer Zug der koreanischen Lyrik. Epigrammatische Zeilen wie Ju Ho Ins ›Der Kamm‹, ›Das Schwert‹ oder Tscho Siks ›Gedankensplitter‹ sind in der klassischen chinesischen Lyrik verhältnismäßig selten anzutreffen. Hier nimmt das kritische und sozialkritische Element die ätzende Schärfe der Satire oder die Spitze eines scharf geschliffenen Dolches an. Kaum jemals finden wir Wehleidigkeit in der koreanischen Lyrik, und selbst die Wehmut trägt den Dichter meist über sich selbst hinaus in ein größeres gesellschaftliches Sein. Oft bedient sich die Satire des Bildes nicht mehr als Allegorie oder künstliche Verschleierung, sondern vielmehr nur, um die Wirksamkeit der kritischen Aussage noch eindrucksvoller und einprägsamer zu gestalten, so zum Beispiel in Hong Rjang Hos ›Lied von den Mücken‹.

Einen besonderen Platz in dieser Anthologie nimmt der große Dichter und Polyhistor Tschong Jak Jong ein. Als einer der bedeutendsten geistigen Vertreter der Sirhak-Bewegung, der ›realen Wissenschaften‹, hatte er einen sehr scharfen Blick für die Übelstände seiner Zeit und geißelte sie mit beißendem Witz in unvergeßlich einprägsamen Bildern wie im ›Lied von den Seewölfen‹ und dem ›Lied vom Tintenfisch‹. Tschong Jak Jong war ein wissenschaftlich geschulter und denkender Mensch, der in vielen Büchern seine Gedanken zu forstwirtschaftlichen, medizinischen, geographischen und anderen Fragen niedergelegt hat. Zugleich weist er auch als Lyriker eine erstaunliche Vielseitigkeit auf. ›Lob des Steinquells‹ charakterisiert, wie ich schon eingangs bemerkte, nach meinem Ermessen gewisse Grundzüge des koreanischen Wesens. Tschong Jak Jong wiederum charakterisiert in seiner Person eben diese bewundernswerten Eigenschaften des koreanischen Volks. Darum wäre wohl schwerlich ein besserer Titel für diese Anthologie zu finden als eben dieses Gedicht!

Mit Rju Rin Soks ›Kanonen‹ findet unsere kleine Sammlung koreanischer Lyrik einen würdigen Ausklang. Man könnte fast meinen, der Dichter hätte das ›Atomzeitalter‹ noch miterlebt. Seine Gedanken und Worte klingen so ungeheuer zeitgemäß!

Vernichten wollen sie, nicht nur verwunden.
Was gibt es Böseres, als sich zu freun,
hat man ein neues Instrument erfunden,
die Macht der Mörder weiter auszustreun!

Und wer fühlt nicht Hochachtung und Ehrfurcht vor der tiefen Menschlichkeit der Schlußzeilen dieses Gedichts?

Wenn das nicht endet, wird die Welt vernichtet.
Soll das des Himmels letzter Ratschluß sein?
Käm doch ein Held, der die Vernichter richtet,
um statt Vernichtung Güte auszustreun!

Rju Rin Sok starb 1915. Wie lange noch werden seine prophetischen Worte Gültigkeit haben?
Und wann wird sein so menschlicher, so zeitgemäßer Wunsch Erfüllung finden?

Als ich wie durch eine merkwürdige Schicksalsfügung die ersten zwei Bände sino-koreanischer Lyrik in Weimar in die Hand bekam, hatte ich eben meine Anthologie klassischer chinesischer Lyrik ›Chrysanthemen im Spiegel‹ abgeschlossen. Ich war sozusagen gerade im Schwung des Nachdichtens, und darum fiel es mir verhältnismäßig leicht, die ersten koreanischen Gedichte ins Deutsche zu übertragen. Sehr bald aber wurde mir bewußt, daß sich unter der äußerlichen Ähnlichkeit des sprachlichen Mediums in der überwiegenden Mehrzahl koreanischer Gedichte in Hanmun eine sehr ausgeprägte Eigenständigkeit der koreanischen Poesie zu erkennen gibt. Es handelt sich hierbei nicht nur um geographisch bedingte Eigenheiten – wie zum Beispiel die Rolle des Meeres in der koreanischen Lyrik im Gegensatz zur chinesischen, die im allgemeinen einen ausgesprochen binnenländischen Charakter trägt. Auch nicht das sogenannte Lokalkolorit scheint mir hier entscheidend zu sein, sondern vielmehr eine Grundhaltung dem Leben gegenüber, die im lyrischen Subjekt immer wieder ungestüm hervordrängt – wie der ›Steinquell‹ Tschong Jak Jongs, um dieses mir so bedeutsam erscheinende Gedicht noch einmal zu erwähnen.

Die klassische chinesische Lyrik leidet oft an zwei Übersteigerungen: an einer feinsinnigen Verhaltenheit und Überfeinerung der Form, die aus Liebe zur literarischen Qualität das ursprüngliche Emotionsquantum so lange bearbeitet, bis es sich in einem ästhetischen formvollendeten Bild in prächtigen Farben und feinsten Linien nahezu aufgelöst hat; und dazu kommt die besondere Liebe zum Zitat, zur historischen Anspielung, die oft wiederum unter dem Druck der Gelehrsamkeit die Emotion fast bis zur Unkenntlichkeit plattdrückt. Die Stärke der koreanischen Lyrik hingegen liegt in ihrer sparsam gebrauchten Verhaltenheit oder Überfeinerung, die eigentlich nur dann einsetzt, wenn die Kraft des Gefühls den Dichter wegzuschwemmen droht. Denn das koreanische Gedicht ist heftiger, unmittelbarer, leidenschaftlicher, weniger abgeklärt und darum auch in der sozialen Anklage wuchtiger und kühner. Wenn ein chinesischer Dichter die koreanische Lyrik stark beeinflußt hat, dann ist es der kühne ›lyrische Historiograph‹ seiner Zeit, der Ankläger der Mißstände und Heucheleien seines Zeitalters, der große Dichter der Tang-Zeit Du Fu (712–770).

Wir Männer von Schensi haben Mark in den
Knochen,
halten mehr als die anderen aus,
und weil wir noch stark und ungebrochen,
treibt uns, wie der Bauer die Hunde und Hühner,
der Kaiser aufs Schlachtfeld hinaus ...

Diesen Ton kennen wir aus vielen koreanischen Gedichten. Freilich ist die koreanische Lyrik nicht immer militant. Und für den sich von den Scheinfreuden und den durchaus nicht nur scheinbaren Gefahren des Hof- und Beamtenlebens abwendenden koreanischen Dichter war der trotzige Einsiedler Tau Yüen-ming der zweite große chinesische Dichter, dessen Geisteshaltung ihm irgendwie verwandt erschien. Während die chinesische Lyrik, wie schon erwähnt, oft unter der Fülle der gelehrten Zitate und Anspielungen zu erstikken droht, finden wir in der koreanischen Lyrik in viel geringerem Maß Überlagerungen dieser Art. Der Grund liegt, außer dem Drang zu einem mehr unmittelbaren Gefühlsausdruck, vielleicht vor allem darin, daß die klassischen, in der chinesischen Geschichte fest verankerten chinesischen Zitate auf die Realität des koreanischen Lebens schwer anwendbar waren. Dadurch eben wirkt die koreanische Lyrik meist nur aus eigener Kraft, nicht aus der Kraft einer hervorassoziierten Vergangenheit auf den Leser, was ihr oft einen sehr starken emotionalen Reiz und noch öfter eine sehr starke literarische Wirksamkeit verleiht. Niemand würde sich erlauben, die in englischer, französischer oder portugiesischer Sprache geschriebene Lyrik der schwarzen Bevölkerung Afrikas und Amerikas unserer Tage als englische, französische oder portugiesische Literatur zu betrachen. Ein noch viel größeres Recht auf Eigenständigkeit, auf eigenes großartiges Schöpfertum gebührt der koreanischen Literatur in Hanmun, der sino-koreanischen Literatur!

Ernst Schwarz

Beschwörungsformel

Schildkröte oh! Schildkröte oh!
Zeig deinen Kopf! Daß du es weißt,
zeigst du uns nicht den Kopf, wirst du
von uns geröstet und verspeist!

König Juri

König Juri von Päktsche hatte nach dem Tod der Königin zwei Frauen genommen, von welchen die eine, Prinzessin Hoa, von Eifersucht geplagt, die Abwesenheit des Königs benutzte, um die andere, Prinzessin Tschi, die chinesischer Herkunft war, aus dem Palast zu vertreiben. Als der König nach seiner Rückkehr davon erfuhr, machte er sich sogleich auf die Suche nach Prinzessin Tschi. Lange irrte er in den Wäldern umher, ohne eine Spur von ihr zu finden. Als er sich erschöpft unter einem Baum niederließ, hörte er über sich in den Zweigen ein Goldamselpaar singen. Das fröhliche Lied des Vogelpaares ließ ihn seinen Verlust nur um so schmerzlicher empfinden, und kummervollen Herzens sang er:

Das Lied vom Goldamselpaar

Mit flatterndem Flügelschlag selig zu zweit
singt auf dem Baum ein Goldamselpaar.
In meiner unseligen Einsamkeit
weiß ich nun erst, wie glücklich ich war.
Wo find ich sie nur, daß wir wieder zu zweit
so selig sind wie das Goldamselpaar!

General Ultschi Mundok

An den General
der Sue-Dynastie, Yü Dschung-wen,
der mit einer chinesischen Armee
in Korea einfiel

Gleicht Euer Planen auch des Himmels Plan,
trägt Eure Strategie Euch auch so weit,
daß Ihr errechnet die geheime Bahn
des Irdischen und Sieg an Siege reiht,
nichts Größeres steht einem Großen an,
als sich zu beugen der Genügsamkeit.

Tschö Tschi Won

Der Spiegel

Die Fuchsfee kann sich verwandeln
in ein wunderschönes Weib,
und mancher üble Geist erscheint
in einem Gelehrtenleib.

Das sind zwar keine Menschen,
doch gleichen sie ihnen genau,
der böse Geist im Gelehrtenleib
und die Fuchsfee als schöne Frau.

Das Schwerste ist nicht das Verwandeln;
das lernt man schon mit den Jahren.
Viel schwerer ist es, in dieser Welt
ein menschliches Herz zu bewahren.

Und willst du unterscheiden,
was Wahrheit ist und was Schein,
dann mach aus deinem Herzen
einen Spiegel und halt ihn rein.

Tschö Tschi Won

Studierzimmer in den Bergen

Über die rauhen Felsen dort
der Bach aufbrüllend talwärts schießt.
Spricht einer neben dir ein Wort,
verstehst du nichts. Wen es verdrießt,
daß diese Welt geschwätzig ist,
der findet keinen bessren Ort
als diesen Berg,
den brüllend rings der Bach umschließt.

Tschö Tschi Won

Magischer Tanz

Um die Gesichter, blaugetönt,
flattert in Strähnen wirr das Haar.
Taramtatam! die Trommel dröhnt.
Mit Vogelschritten hüpft die Schar.
Der Wind hoch in den Bäumen stöhnt;
unheimlich rauscht es im Geäst.
Und schneller noch treibt es die Schar
in wildem Tanz nach Ost und West,
bis die Besessenen der Geist
aus seinem Zauberbann entläßt.

Tschö Tschi Won

Regen in einer Herbstnacht

Mein Lied – ach, wer versteht denn seinen Sinn!
Wütend der Herbstwind in den Wipfeln heult.
Aus bittrem Leide summ ich vor mich hin,
in meiner Hütte Enge eingekeilt,
und lausch dem Regen, der ans Fenster pocht.
Wißt ihr die Weiten, die mein Geist durcheilt,
indes das Flämmchen niedernagt den Docht!

Tschö Tschung

Impromptu

Mondhell der Hof. Kein Rauch. Kein Kerzenschein.
Die Berge kommen gern zu mir herein –
und ganz von selbst: ich lud sie ja nicht ein.
Die Föhren rauschen seligsanft im reinen
Äther zeitlos unirdisch ihre Melodien.
Die schätz ich sehr, und ich verrat sie keinem.

Pak In Rjang

Auf der Reise als Botschafter
an den Hof der Sung-Dynastie
im Schildkrötenberg-Tempel
von Si-Dschou geschrieben

Den schroffen Felsen, phantastisch gestaltet,
steig ich empor zum Heiligtume,
umspiegelt rings und wasserumgürtet
wie im Teiche die Lotosblume.

Und die Pagode stößt ihre Spitze
tief in die Fluten und wühlt sie nach oben.
Cymbalklänge rütteln am Monde,
der sich inmitten der Wolken geschoben.

Schach spielen im Bambushain müßig die Mönche –
Zwingt mich des Königs Gebot auch zu eilen,
bald klimm ich wieder empor diesen Felsen,
und ich versprech es mit diesen Zeilen.

Ri Tscha Hjon

Lied im Spätfrühling

Der Frühling ging; noch fühl ich seine Nähe.
Hell strahlt die Sonne. In den Tälern gehn
die Schatten ihre Wege. Sinnend sehe
die letzten Blüten ich im Wind verwehn.
Ich sing mein Lied, wenn ich auch gut verstehe,
daß es nicht viele gibt, die es verstehn.

Tschö Ju Tschong

Über das Leben

Des Menschen Leben währt
fürwahr keine Ewigkeit!
Es kann wie die Flamme im Wind
erlöschen jederzeit.

Doch kennst du einen, der
Reichtum und Ehren vergißt
und ohne sie glücklich wär,
eh er gestorben ist?

Kim Rjang Kjong

Der Stein

Als Himmel und Erde sich trennten,
entstand die zahllose Schar
der Dinge, und unter ihnen
der Stein am härtesten war.

Das Festsein war sein Wesen,
und wenn man ihn auch zerschlug,
die Härte blieb ihm doch, die er
im steinernen Herzen trug.

Das Eisen haßt den Ofen,
der schmelzend es entstellt;
das Kupfer schämt sich des Prägstocks,
der es verformt zu Geld –
so auch ein Herz, das Mensch zu sein
für menschenwürdig hält.

Kim Ku

Birnbaumblüten

Da taumeln sie herab, und wirbelnd trägt
zum alten Ast die Blüten hin
der Wind, der sie herabgefegt.
Will er, daß sie dort wieder blühn?
Treibt Sehnsucht sie zum alten Ast?
Ein klebrig Ding im Astwerk hängt,
im Astwerk hängt ein klebrig Ding –
ein Spinnennetz, das alles faßt,
ein feines Netz, das alles fängt,
ob Blüten oder Schmetterling.

Kim Kuk Ki

Mond an einem Herbstabend

Die Sonne sinkt. Der Sturm die Wipfel packt.
Frost in den Blättern. Wie das knistert, knackt!
Ich tu das Tor nicht auf, den Mond zu schaun.
Mich Alten packt vor jedem Herbst ein Graun.
Nachts hab ich Angst. Ich frier, als wär ich nackt.

Tschong Po

Der Tempel zur Verbreitung des Glücks

Beim Stadttor ein prächtiger Tempel steht.
Dort hört man zu bestimmten Zeiten
die großen Tempelglocken läuten:
sie rufen nachts zu Andacht und Gebet.

Wer weiß, ob nicht die frommen Glockenklänge,
statt Andacht in den Herzen wachzuläuten,
nur Ehrgeiz, Habsucht, hohle Eitelkeiten
aufwecken in der gierverrohten Menge?

An Tschuk

Auf dem Tä-Päk-Gipfel

In den Purpurdunst steil hinauf, immer höher,
bis es nicht höher mehr geht: der Gipfel erstiegen!
Ein weißes Kügelchen dicht über dem Kopf:
die Sonne.
Rings vors Auge gestürzt kauernd die Berge liegen.
Kommt da nicht ein Kranich – ein Feenvogel geflogen?
Der Leib reißt sich los, als würde er fliegen
mit den weißen Wolken – In mächtigem Bogen
sind wir auf felsigen Stufen in den Himmel gestiegen –
Regen kam – und die Bäche wie reißende Ströme zu
Tale jagen.
Bleibt uns noch die Kraft, durch tobende Täler den
Abstieg zu wagen?

An Tschuk

Der schwankende Steg

Ein Baumstamm über eine Schlucht gelegt,
schwankend bei jedem Schritt. Ob er mich trägt?
frag ich mich schaudernd. Unten tost der Bach.
Ich schau den Bauern hingerissen nach:
Sie schreiten fest und durchaus nicht erregt
auf jenem Hölzchen, ausgespannt ins Leere,
als ob die Schlucht nur eine Wiese wäre.

Ri Kok

Blick auf den Westberg

Auf einer Straße in der Stadt
wend ich dem Westberg zu den Kopf.
Über die Zinnen hebt sich matt
sein grüner dunstumhüllter Schopf.

Ich blick ihn an und seh ihn nicht.
Warum rückt Nahes mir so weit?
Erdrückt den Blick das zerrende Gewicht
der Gier, der Ruhmsucht, Eitelkeit?

Ri Kok

Zuflucht im Regen

Ein schönes Haus, umgürtet von Sophoren.
Das hohe Tor war sicher einst gedacht
für viele Söhne, Enkel hochgeboren.
Es wechselte den Herrn über Nacht.
Kein Gast kam mehr. Still liegt es, traumverloren.
Nun ist es plötzlich wieder aufgewacht
zur Gastlichkeit – Ich hör es sacht rumoren.
Doch mich hat nur der Regen hergebracht.

Ri Tsche Hjon

Der Nordberg im Regendunst

Über die Wälder sprüht der Regen Strahlen.
Durch Nebel bricht das Licht sich schimmernd Bahn.
Wer könnte schöner eine Landschaft malen! –
Ein Tuschgemälde auf dem Paravent.
Am Saum der Felsen dunkelgrüne Wogen
von Fichten, und am Bachrand rot wie Rosen
ein Blütenmeer. Der Regenbogen
verstrahlt sich irgendwo im Uferlosen –
ein Schillern, greifbar nah und endlos weit.
Ein Vogel, wie ein Funke aufgeflogen,
verglüht in der Unendlichkeit.

Ri Tsche Hjon

Nachts auf einer Dienstreise im Boot geschrieben

Die Uferbäume rauschen. Prustend streut
der Westwind Regen. Fern verglimmen
der Sonne Strahlen in der Dunkelheit
der Berge. Vor dem Fischerdorf vertäut
das Boot. Vom Bug her hör ich Stimmen.
Der Fisch ein Leckerbissen und der Wein
noch besser als die Würze des Gerichts.
Hier kehr ich in ein andres Dasein ein,
in eine Welt, gestört von nichts.
In einem Meer der Selbstvergessenheit
ertrinken Sorgen, Angst – und ich darin in Seligkeit.
Wie gern vergeß ich heut,
daß ich nur Dienstmann eines Königs bin.

Ri Tsche Hjon

Schnee in einem Bergkloster

Unter die Decken kroch zu mir der Frost.
Schon fühl ich ihn im Herzen hocken.
Die Lampe vor dem Buddhabild verglost.
Im Tempel schwiegen nachts die Glocken.
Den Mönchen war es sicher viel zu kalt,
um sich an Glockenschlägen zu erbaun.
Jetzt sind die Frommen über mich erbost.
Zu früh für sie mach ich mich auf die Socken –
Ich muß die schneebeladnen Fichten schaun!

Ri In Pok

Worte eines Kriegers

Wo einst nur Frühlingsblüten eingedrungen,
im Mond die Blumenschatten tanzten sacht,
nur Liebeslaut und Saitenspiel erklungen,
ruft mit Gedröhn die Trommel jetzt zur Schlacht.

Sol Son

Die Frau des Kriegers

Der strahlend helle Mond am Himmel
die Herbstnacht in die Länge zieht.
Der Wind singt traurig, und die Grillen
zirpen vor meinem Bett ihr Lied.

Die Kammer leer! – Fern, fern mein Liebster
für seinen Kaiser Kriege führt!
Ich will die Einsamkeit nicht schelten,
wenn er nur heil bleibt und nicht friert!

Rjo Suk

Auf dem Turm der jadegrünen Wogen

Den Wunsch, als freier Mann zu leben,
hab lange ich zurückgestellt.
Ich lernte wie die andren streben
nach den Genüssen dieser Welt.

Die Möwen, die den Turm umschwirren,
schrein gellend – Fast hab ich gedacht,
sie lachten – Ob sie sich da irren?
Hab ich mich lächerlich gemacht?

Tscho Jon Hul

Frühlingsende

Schon ist die Sonne hochgekommen.
Die Tür auf! In den Wald! – Vorm Pavillon
auf dem bemoosten Stein sitz ich beklommen.
Was war das gestern nacht – hat ein Zyklon
zerwühlt den Berg, die Blüten fortgenommen?
Aufschäumend trägt der Wildbach sie davon,
und immer neue kommen angeschwommen!

O Sun

Im Pavillon
›Zur Betrachtung des Ackerns‹

Im Frühling wird gepflügt, gejätet.
Im Sommer glüht der Sonnenschein.
Und hat die Ernte sich verspätet,
bricht schon im Herbst die Kälte ein.

Wie gern doch möchte ich verlegen
den Pavillon: Wird dann geackert
ganz nahe an des Königs Wegen,
so sieht er, wie das Volk sich rackert.

Tschong Mong Tschu

Auf der Reise als Botschafter nach Japan

Oft hat es nach Nord und Süd mich verschlagen.
Voll Sorgen zog ich umher.
Und nun trägt das Schiff mich ostwärts fort
hinaus ins offene Meer.

Zu Hause vor meinem Fenster jetzt
sicher der Pflaumenbaum blüht,
und der Frühlingsregen klopft aufs Dach
den Takt zum Frühlingslied.

Ich sitz allein und sinne nach;
die Zeit wird mir nicht lang.
Doch wenn ich zuviel an die Heimat denk,
werd ich noch sehnsuchtskrank.

Tschong To Tschon

Meine Strohhütte

Wie Haar zerrauft von wirren Händen,
so struppig sieht mein Strohdach aus.
Der Lehm zerbröckelt in den Wänden:
windschief – ein Wrack von einem Haus.
Die Vögel machen keine Flausen
und nisten unbekümmert auf dem Dach.
Doch der Banause fragt mit Grausen:
Wer mag nur in dem Loch da hausen!
Vor meinem Fenster schlängelt sich ein Bach.
Die Bäume neigen schützend sich querüber.
Tret ich vors Haus – da ragt ein Berg empor,
und in der Ferne fließt ein Fluß vorüber.
Und tret ich wieder ein und schließ das Tor,
dann weiß ich: Nichts auf Erden ist mir lieber –
und leb beruhigt und glücklich wie zuvor.

Tschong To Tschon

Das Mittherbstfest

Im Mittherbst im vergangnen Jahr –
wie froh hat uns der Mond gelacht!
Tanz, Späße, Neckerein – das war ein Fest!
Der Vorhang hochgezogen, und die Nacht
taghell. In Strömen floß das Licht herein.
Ein Feenvolk hat er aus uns gemacht,
der sanfte, klare, helle Mondenschein.
Aus Mondscheinbechern tranken wir den Wein,
beschwingt, berauscht von Seligkeit und Licht.
Aus Jadekrügen schenkten wir uns ein.
Und unsre Worte formten sich zum Reim
und mühlos unsre Reime zum Gedicht.

In diesem Jahr verbannte man mich weit.
Strohhütte. Bambuszaun. Ein Berg, fast kahl.
Der Herbstwind pfeift. In dürrer Einsamkeit
fühl ich den großen Tod zum ersten Mal.
Die Welt verdorrt, zerknittert ist ihr Kleid.
Und blick ich auf zum Mond, zeigt er mir fahl
das öde Herbstbild der Vergänglichkeit.
Wie Rauch verflog das Fest vom letzten Jahr ...
Und strahlt der Mond jetzt nicht mit gleichem Licht?
Ist dieser Leib nicht, was er damals war?

Doch was ich damals fühlte, fühl ich nicht.
Das Schicksal lockt und bietet Freuden dar
und rafft sie fort, und nichts bleibt als Verzicht.
Frag ich den Mond, der ewig rein und klar
die Erde überstrahlt mit seinem Schein,

wie vielen bleichen Sorgen jetzt das Haar,
wie viele dürfen sorglos glücklich sein?
Und wo seh ich dein Licht im nächsten Jahr?
In Freude oder Trauer? – Unbestimmt
ist alles. Unbeteiligt, wortlos zieht
der Mond dahin. Die Nacht verschwimmt.
In tiefer Einsamkeit sing ich mein Lied.

Kuon Kun

Hymne auf das Kimgan-Gebirge

Zehntausend Gipfel schweben schneegekrönt
wie Lotosblumen wolkentraumentstiegen.
Ein uferloses Meer, von Geisterglanz durchtönt.
Wie Wellentanz im reinen Berghauch wiegen
die Kämme sich in unbeschwerter Lust.
Hoch stößt der Hang. In steilen Kurven schmiegen
die Pfade sich eng an des Berges Brust.
Tief in den Tälern, dunkel und verschwiegen,
lauscht sanft der Eremit dem Sinn des Seins.
Den höchsten Gipfel hätt ich gern erstiegen –
schauend erschauernd werd ich mit ihm eins:
Denn seh ich nicht das All hier vor mir liegen?

Son Sok Rin

Geleitwort für einen Mönch auf den Weg zum Ahorngipfel

Du wirst vorbei an tausend Gipfeln gehn –
die sind natürlich ungleich in den Höhn.
Doch einmal wirst du in ganz andrem Rot
als je vorher die Sonne aufsteigen sehn.

Kil Tschä

Muße

Am Bach mein Hüttchen. Niemand wird mich stören.
Der Wind, mein Freund, weht sanft, und sanft
entstiegen
dem Dunkel zittert Mondlicht durch die Föhren.
Ich lieg im Bambushain. Nichts kann ich hören
als Vogelstimmen, und ich les im Liegen.

Song Sam Mun

In der letzten Stunde geschrieben

Der Wind hat schon die Sonne fast hinabgezwängt.
Die Trommel dröhnt, die mich dem Tod
entgegendrängt.
Das wird heut eine Nacht! Dort unten gibt's
kein Wirtshaus, das an Tote Wein ausschenkt.

Song Kan

Klage des alten Bauern

Am Ackerrain dicht, dicht das Gras.
Zu zwein fliegt das Fasanenpaar.
Am Ackerrain ein Alter ächzt,
spricht mit sich selber: Siebzig Jahr,
schon siebzig Jahr! Schlohweiß das Haar.
Wie hat das Leben mich gehetzt,
die Sonne mein Gesicht verbrannt,
der Schnee und Frost mir zugesetzt,
zerbeult, zerbissen Fuß und Hand!
Hab mich allein herumgequält.
Sie gingen ja! Das Haus ist leer.
Tochter und Sohn sind längst vermählt.
Wie lang, wie lang schon ist das her!
Er ging zuerst, nahm sich ein Weib,
und bald darauf ging dann auch sie.
Mein Fetzenhemd fällt mir vom Leib,
mein Flickenrock deckt kaum das Knie.
Sie holten mich in die Armee.
Ich kämpfte in den Wüstenein.
Die Haare wurden weiß wie Schnee.
Aus tausend Toden kam ich heim.
Da hock ich nun am Ackerrain,
mein Lumpenkleid von Schweiß durchtränkt.
Ein feiner Acker! Nichts als Stein.
Mein Ochs hat sich das Bein verrenkt.
Mit einer Hacke pflüg ich nun.
Mein Ochs hat sich das Bein verrenkt.
Was tu ich nur? Was soll ich tun?
Das Herz zerspringt mir. Soll ich schrein?

Von Not und Sorgen hart bedrängt,
mit meinem Kummer ganz allein.
Und keiner mehr, der an mich denkt!

Song Kan

Der Fischer

Ein paar Berge strahlend rein.
Ein paar Täler nebelrauchend.
Eure Welt dringt hier nicht ein –
Glanz und Schein, den Geist verbrauchend.

Wenn ihr denkt, der Fischer lebt
sinnlos, wie ihr es gewohnt –
seht, wie still sein Nachen schwebt
und wie hell umstrahlt vom Mond.

Ri Tschik

Die siechende Fichte

Bärtiger Fichtengreis, hoch wie ein Turm,
wie vielen Wintern trotztest du verbissen,
die Äste grimmig aufgereckt im Sturm,
der dir das Nadelkleid vom Leib gerissen!

Mit frischem Grün bekränztest du dein Haupt
und hattest schnell das alte Leid vergessen,
grün, ewig grün, wenn alles rings entlaubt –
Auch dich hat wie das Gras der Herbst zerfressen.

Dein Kleid zerfiel, nur noch dein Stamm steht stolz,
vom Sturm geknickt, herabgefetzt die Äste.
Noch gut genug dein sturmgeprüftes Holz
als First zur Stütze fürstlicher Paläste!

Ri Sok Hjon

Aja! Aja!

Aja! aja! hallt es in Nord und Süd,
das keuchende, ächzende Arbeitslied.
Tausend Mann tragen Stämme heran –
dort tausend Mann, hier tausend Mann
schleppen Stämme und Steine heran.
Bald wird der Blütenberg steinlos sein.
Bald wird der Wolkenberg baumlos sein –
Ein Berg ohne Baum, ein Berg ohne Stein,
das läßt sich noch verwinden,
doch nicht, daß Menschen für Baum und Stein
den Tod in den Schluchten finden!
Die Wächter schlagen auf sie ein,
auf die keuchenden Arbeitsherden.
Sie rackern und schuften tagaus, tagein,
ohne je satt zu werden.
Aja! aja! sie können nicht mehr.
Sie möchten sich niederhocken.
Aja! aja! der Atem geht schwer,
sie dürsten, der Gaumen ist trocken.
Aja! aja! die Wächter sind blind,
weil sie ihr Herz verschließen.
Sie sehn nicht das Blut, das niederrinnt
von den wundgetretenen Füßen.
Sie tun auch dann noch ihre Pflicht,
wenn einer röchelnd zusammenbricht –
Die Peitsche aja! die vergessen sie nicht!

Ich wünschte, daß ein für allemal
der Himmelsherr Steine und Bäume

und was man so braucht als Baumaterial
in die Nähe der Fürsten räume.
Statt hoch auf dem Berg, tief unten im Tal
wär es für alle am besten,
wenn er das gewünschte Baumaterial
wachsen ließe nah den Palästen.
Dann würden die Pläne der großen Herren
auch schneller Erfüllung finden –
Das Volk aber müßte sich nicht mehr so fern
in den Bergen aja! in den Schluchten aja!
ächzend zu Tode schinden.

So Ko Tschong

Schlamm

Glitschiger Lehm, gelb, glitschig, glatt.
Das Land ringsum meertief verschlammt.
Ein Pferd, das nichts als Knochen hat,
wie Astwerk in die Haut gerammt.
Ein Greis der Reiter, Literat,
weißhaarig, dürr, ergraut im Amt.
Die Peitsche schwingt er. Einen Schritt –
die Hufe kleben. »Hü!« Es schwankt.
Der Greis im Sattel torkelt mit.
In diesem Schlamm! Zuviel verlangt.
Er seufzt. Schlamm, Schlamm, weit wie das Meer!
Ist nicht der Literat verdammt
zu schwerem Los seit alters her?
Selbst hier noch auf dem flachen Land
fällt jeder Schritt ihm doppelt schwer.

Ju Ho In

Der Kamm

Mit einem Bambuskamm kämm ich das Haar mir aus,
kämm mir den Wirrkopf glatt und manche Laus heraus.
Schnitzt mir doch einen Riesenkamm aus
Tausendellenstämmen!
Wie gern würd ich das Läuseheer dem Volk vom
Schädel kämmen!

Ju Ho In

Die Peitsche

Die Gerte fest und schlank, der Griff aus Leder.
Das Roß schnellt vorwärts, wenn sie niederschwirrt.
Hiebe, die andre treffen, trifft ein jeder.
Wer aber schlägt sich selbst, wenn er sich irrt?

Könnt ich das Niedrige in mir besiegen,
auspeitschen alles Schlechte – federleicht
empor zu solchen Höhen würd ich fliegen,
daß mich der Schmutz der Welt nie mehr erreicht.

Ju Ho In

Mein Schwert

Ein gutes Schwert hab ich, haarscharf die Klinge,
in kaltem Glanze strahlend wie ein Stern.
Den Feind – den kenn ich auch. Befehlt! Ich schwinge
mein Schwert für eine gute Sache gern …
daß es der Erde endlich Frieden bringe.
Doch sagt mir: Wann? Für wen? Für welchen Herrn?

Hong Ju Son

Stille

Vor dreißig Jahren zersprengte mich die Kraft.
Kein Berg war mir zu hoch, kein Fluß zu breit.
Die Ferne reizte meine Leidenschaft.
Kein Ort in dieser Welt lag mir zu weit.
Ich fraß die Bücher, las mit wilder Gier.
Die Kleinlichkeit der Welt, die ließ mich kalt.
Mein Herz klang wie ein Lied: Es sang in mir.
Das Leben stieß mich hart. Nun bin ich alt.
Und wenn ich heut noch irgend etwas will –
Nichts als ein Hüttchen, tief versteckt im Wald,
in dem das ungestillte Herz ganz still
der Stille lauscht – lauscht, bis auch sie verhallt.

Kim Tschong

Einer Fichte am Wegrand gewidmet

Wenn du im Meerwind raunend trauerst,
du trauerst trotzig, ungebeugt,
kennst keine Macht, vor der du niederkauerst.
Schlank fällt dein Schatten, wenn der Mond aufsteigt.
Doch daß du Schnee, Frost, Stürme überdauerst,
dankst du der Wurzel, tief im Grund verzweigt.

O Mu Tschok

Lied vom Elend

Das Volk hat's schwer, das Volk hat's schwer.
Die Ernte schlecht, der Magen leer.
Mein Herz sehnt sich nach nichts so sehr,
als euch zu helfen aus der Not.
Ach, wenn ich doch nur mächtig wär!
Das Volk siecht hin, das Volk siecht hin.
Der Winter kalt, die Decken dünn –
Und jenen stünde zu Gebot
die Macht, zu lindern eure Not –
die Macht! – doch ist ihr Herz verroht.

Als kleiner Mann mit kleinem Sinn
leih ich den Herren wohlgeboren
mit größter Freude meine Ohren,
falls sie es huldig mir gewähren.
Versucht es nur, hört einmal hin!
Da werdet ihr so manches hören.
Rings irrt das Volk herum verloren,
und wie es klagt und was es spricht,
das weiß man nicht, das hört man nicht.

Wenn vom Palast der Majestät,
von Sorge um das Volk bedrückt,
in höchster Gnade ein Dekret
zur Linderung der Not ergeht,
die Präfektur und der Distrikt,
die haben nicht viel Sinn dafür.
Wer kümmert sich, was darin steht!
Für sie bleibt es ein Stück Papier.

Und kommt vom Hof ein Emissär
zu sehn, woran's dem Volk gebricht,
der reist dreihundert Li daher
mit Eilpost, wie es seine Pflicht.
Des Volkes Stimme hört er nicht.
Man öffnet ihm die Tür nicht mehr.
Vom Elend merkt er keine Spur,
und keiner kommt ihm zu Gesicht.
Und reisen sie die Kreuz und Quer
in Dorf, Distrikt und Präfektur,
von Ort zu Ort im Land umher –
was nützt schon so ein Emissär!
Das Volk, das lernte eines nur –
zu schweigen, und es weiß den Grund.
Den Herren am Hof fehlt das Gehör.
Und wenn auch viel zu sagen wär,
stumm bleibt sein Mund!

So Kjong Tok

Die große Frage

Es gibt ein Ding, das kommt, erscheint –
kommt und erscheint, so daß man beinah meint,
es würde nie und nimmermehr verschwinden.
Und schwindet's, so entsteht es doch von neuem
aus einem Urgrund, niemals zu ergründen.
Ich frag: Woher magst du gekommen sein?

Es gibt ein Ding, das kehrt zurück und schwindet –
und schwindend dennoch keine Rückkehr findet.
Und kehrt's zurück, so ist ihm nur gewährt
Rückkehr ins Reich, das keine Grenzen bindet.
Ich frag: Von wo bist du zurückgekehrt?

So Kjong Tok

Der Felsbach

Da rauscht der Bach, über die Steine springend,
bald klagend, traurig wie ein Requiem,
bald kriegerisch, ein kühnes Kampflied singend,
als ginge es zur Schlacht mit irgendwem.

Wieviel Bedrängnis, wieviel Schmach,
wieviel der Erde Elend, Not und Pein
höre ich rauschend diesen Felsenbach
aus felsbedrängter Brust zum Himmel schrein!

Tscho Sik

Gedankensplitter

Die Menschheit liebt den ehrlichen Gesellen,
wie sie das Muster liebt auf Tigerfellen.
Am liebsten möchte sie ihn gleich erschlagen.
Doch schätzt man ihn selbst an den höchsten Stellen
als Toten: Dann wird er zur Schau getragen.

Song Un

An die Wand geschrieben

Kein Seufzer mehr macht gut, was einst geschehn.
Wie viele Helden traf das Schicksal hart!
Ich seh sie noch im Geiste untergehn,
und die Vergangenheit wird Gegenwart,
bis mir die Tränen in den Augen stehn.
Grabt ihm das Wasser ab, seht, was geschieht!
Der Drache jämmerlich verdorrt.
Fällt ihr die Fichte – aufgeschreckt entflieht
der Kranich und für immer bleibt er fort.
In dieser Menschenwelt zählt noch das Wort,
das Helden schmäht, die gute Tat verhehlt.
Und erst im Grabe findest du den Ort,
wo Gnade, Gunst, Schmach, Schande nicht mehr zählt.
Kein Seufzer mehr! Kein trauriges Gesicht!
Hier stehe ich, den Kopf emporgereckt,
und blick die Sonne an. Ihr Strahlenlicht,
das leuchtet weiter, nein! das löscht ihr nicht.
Wo ist die Hand, die ihren Glanz verdeckt!

Rim Tsche

Abschiedswort

Man nennt mich, sag ich etwas, überspannt.
Und sag ich nichts, dann hält man mich für blöd.
So geh ich – und nicht ganz aus Unverstand.
Denn wer Verstand hat, denk ich, der versteht.

Rim Tsche

Frühling in meiner Berghütte

Was diese Welt an Staub und Schmutz gesammelt,
erreicht mich nicht. Vor eurer Niedertracht
hab ich in Einsamkeit die Tür verrammelt
und mich von eurem Elend freigemacht.
Nur noch die Jahreszeiten laß ich ein –
den Frühlingswind, den warmen Sonnenschein.
Und wenn ihr meine Armut auch verlacht –
mein ist des ganzen Berges Frühlingspracht!

Ho Nansorhon

Das Lied vom armen Mädchen

1.

Sie stickt gut und ist sehr geschickt im Weben.
Noch niemand warf ihr vor, nicht hübsch zu sein.
Der Vater kann ihr keine Mitgift geben –
darum auch findet sich kein Freier ein.

2.

Das Schiffchen schwirrt und schwirrt noch in der Nacht.
Sie webt und webt mit großer Emsigkeit.
Aus jedem Ballen Stoff, den sie gemacht,
näht eine andere ihr Hochzeitskleid.

3.

Die Schere in den müden Händen bebt.
Sie friert. Die Finger klamm. Sie nickt fast ein.
Sie, die für andre Bräute Stoffe webt,
verbringt die Nächte Jahr für Jahr allein.

Kim Tok Rjong

Der wahre Wunsch

Lautengeklimper, Lieder, Eleganz
sind nichts für Helden. Was ist Heldenglück?
Vorm Feldherrnzelt klirrender Schwertertanz –
Wisch ich das Blut vom Schwert und kehr zurück,
möcht ich ein Fischer sein und still im Schilf
lauschen dem Wellenschlag des Uferrands.

Song Ik Pil

Lied des Einsamen

Bedenkt man's recht, so gibt es nicht ein Ding,
das nicht dem gleichen Quell entstammt.
Und doch schätzt man das eine, denkt gering
vom andern – neidet, schöpft Verdacht, verdammt.
Ich nehme meine Laute, und ich sing
ein Lied, den Blick den Wolken zugewandt.
Die ziehn dahin, von keiner Macht gekettet.
Dann bricht der Mond durch eine Wolkenwand
und übergießt die Welt mit seinem Licht.
Auf einen Felsen hingebettet,
blick ich ihn an und sing ihm ein Gedicht
mit klarer Stimme; und mein Herz, gereinigt
vom Schmutz der Welt, hört nicht mehr ihr Geschrei.
Fern ist die Not, die mich gequält, gepeinigt.
Der Schmerz – ach, alles ist mir einerlei!
Mein Hüttchen wird mit einem Male weit.
Man sagt, wie schön die Welt der Feen sei,
und neidet ihnen die Unsterblichkeit.
Sind denn nur sie von allen Fesseln frei –
der Angst, der Enge und dem Zwang der Zeit?

Tschö Rip

Sonnenaufgang

Wie eine Jadekuppel überdacht
der Himmel rings die Erde, und es neigt
der Mond sich ostwärts. Eine Flamme steigt
rot aus dem Fluß und züngelt – gleitet sacht
sich windend mit dem Riesenleib der Flut.
Die Welt flammt auf, zum Flammentag erwacht,
vom Flammenrad der Sonne angefacht.
Und jedes Ding erglüht in goldner Glut.

Kim Tuk Sin

Herbstbild

Vom fernen Wald her rauscht der Herbst herbei.
Noch gilbt das letzte Licht den Sand am Fluß.
Der Junge treibt sein Kalb mit schrillem Schrei.
Und prasselnd fällt der erste Regenguß.

Kuon Pil

Auf dem Weg

Die Sonne sank. Ich kam auf steilen Wegen
zu einem Gasthof. Offen stand das Tor.
Hier schiebt auch keiner einen Riegel vor:
tief in den Bergen lag es, ganz entlegen.
Ich fragte morgens, als die Hähne krähten,
wie es nun weitergeht? Und raschelnd wehten
die Winde welke Blätter mir entgegen.

Kuon Pil

Die Hundeschlacht

Wie die Hunde sich stritten auf Tod und Leben!
Wer hat ihnen nur den Knochen gegeben?
Die großen haben sich Wunden gerissen.
Die schwachen und kleinen sind totgebissen.
Kein Hund mehr im Haus! Wenn die Räuber das wissen,
brechen sie sicher heut nacht noch ein.
Ich sah den Hausherrn bitterlich weinen.
Starr sitzt er, mit hochgezogenen Beinen,
starr wie ein Stein,
den Kopf, in dem die Sorgen sich sammeln,
ganz fest,
als wollte er sich in sich selbst verrammeln,
ans Knie gepreßt.

Tscha Tschon Ro

Nachtgedanken

Wozu sich sehnen noch, wenn doch das Ziel
der Sehnsucht niemals zu erreichen.
Ein kurzes Glück das Liebesspiel,
wie Regen, Wolken, die vorüberstreichen.

Ein Traum, in Einsamkeit geträumt, weiß nichts
von Fernen, nie zu überwinden,
und kann des Nachts im Strahl des Mondenlichts
bis an des Himmels fernste Grenzen finden.

Ri Su Koang

Im Serail

Ein Frühlingstag, vergittert im Serail.
Vertropfend in der Wasseruhr verrinnt
die Zeit. Ich hör der Stunden stummen Schrei,
indes ich müßig, wie wir alle sind,
mit Blumen spiele, übersatt vom Duft.
So viele Blüten weht der Frühlingswind
über die Mauer in der Freuden Gruft –
und keine, die nicht heimlich weinend sinnt,
daß sie der Wind zurück ins Leben ruft.

Ri Tuk Won

Herbstnacht

Was nützt mein Schwert, was die Gelehrsamkeit!
Der Wunsch zur Tat zerfloß in Träumerein.
Mein Haar wird weiß, die Kraft zerfrißt die Zeit.
Bei fremden Leuten miete ich mich ein.
Wie krank ich bin, zeigt mir das Jahr: es stirbt.
Die trübe Nacht zerreißt der schrille Laut
des Grillenvolks, das vor dem Fenster zirpt.
Der Mond verblaßt. Ein Strahl, unendlich weit,
streift schräg den Fluß. Der Morgen graut.

Tschö Tschon

Der alte Rappe

Am Wurzelknollen einer Föhre liegt
ein alter Rappe klapprig. Tief im Traum
fegt er dahin im Sturm. Die Mähne fliegt.
Der Huf berührt die Erde kaum.
Rauh heult der Herbstwind auf im Baum –
Er blinzelt. Mit des Tages letztem Licht
sinkt rot die Sonne fern am Himmelssaum.

Kim Ni

Kleines Mahnwort

Wer viel besitzt, dem wird man auch viel nehmen;
wer hochgeehrt, weiß, Ehren rächen sich.
Warten nicht schon am Zaun die Chrysanthemen
bei mir zu Hause allzu lang auf mich?

Ri Man Pu

Der flötenspielende Hütejunge

Ein Knirps mit kurzem Haar. Der große Ochs
findet allein sein Futter auf den Matten.
Der Flötenklang tanzt abends übern Fluß
und taucht zerfließend in der Berge Schatten.

Ri Kuang Rjo

Am Fluß

Wie sich die Wolken wild zusammenballen!
Schräg fegt der Wind daher. Es regnet schon.
Ich seh im Wasser, wie die Tropfen fallen.
Ob sie mich treffen? Ich spür nichts davon.

Ri Hon Kjong

Der kleine Holzsammler

Im schroffen Bergwald klimmend ganz allein
scharrt er im Schnee nach Holz, und
frostdurchschauert
kehrt er im Dunkel mit dem Bündel heim.
Da packt ihn Angst. Er flieht mit wildem Schrein
vor einem Fels, der wie ein Tiger kauert.

Ri On Tschin

Das Entenei

Dem Entenei, der Henne unterlegt zur Brut,
entschlüpft ein Entlein, und sein Entenblut
treibt es, sobald es nur sein Aug auftut,
zum größten Schreck der Mutterhenne gleich
zum Teich.
Und ohne, daß man's lehrte, schwimmt es gut.

Hong Rjang Ho

Lied von den Mücken

Wie Wespen so groß sind die Mücken im Norden,
und ärger als Wespen stechen sie dich.
Wir Leute im Norden sind mager geworden.
Warum nur stecht ihr so fürchterlich!
Das ist ein Schwirren und Summen und Surren.
Man ißt kaum und wälzt sich ruhlos im Bett.
Wie gleicht ihr den Herren in den Präfekturen!
Auch sie saugen dem Volk aus das Blut und das Fett.
Verziehn sei euch winzigen Kreaturen –
Gesegnet das Volk, wenn es Mücken nur hätt!

Hong Rjang Ho

Gewässer

Ihr Gewässer, unermeßlich weit,
was macht sich nicht auf euren Wellen, Wogen,
auf euren ungeheuren Flächen breit!
In Scharen kommen sie dahergezogen,
die Kormorane, Reiher, Möwen, Enten – alle, die
euch brauchen.
Wie sie da emsig auf- und niedertauchen.
Wie sie da auf- und niedertauchen, um zu fressen.
Sie kümmert's nicht, wie tief ihr seid, wie seicht.
Des Wassers Tiefe läßt sich noch ermessen –
Bei Menschenherzen ist das nicht so leicht.

Hong Se Tä

Pflaumenbaum en miniature

Vorm Fenster schneebekuppt ragt Berg an Berg.
Vorm Bett ein Pflaumenbaum, klein wie ein Zwerg.
An Reinheit könnt ihr euch mit seinen Blüten messen.
Nur laßt euch nicht in so ein Schälchen pressen.

Kjö Säng

Dem trunkenen Freund

Daß du mich so am Kleide reißt,
so ungestüm und heftig bist,
macht mich nur froh, daß du es weißt.
Auch wenn mein Kleid zerrissen ist,
verzeih ich gerne dir – das heißt,
solange du mich nicht vergißt.

Pak Kjö Kang

Der Mann mit der Flöte

Matt schimmert die Abendsonne.
Der Weg kriecht übers Land.
Ein Dorf fern in den Bergen,
fern wie am Himmelsrand.
Der Alte dort auf dem Ochsen,
die Flöte in der Hand,
zerbläst mit seinen Liedern
die düstre Wolkenwand.

Jun Hong Tschan

Frühlingsregen

Die Weiden sind im Regen frisch erwacht.
Die Pfirsichblüten läßt er niederschauern.
Was so ein Frühlingsregen macht!
Die einen freuen sich, die andern trauern.

Kim Pok Song

Auf dem Weg

Im Abendrot verblutend fern ein Weiler.
Ein Esel schleicht entlang des Berges Fuß,
halblahm. Der Pfad wird immer steiler.
Verwirrt im Schnee, vom Wind zerwühlt der Fluß.

Kim Rak So

Das verlassene Dorf

Ein Dorf am Wegrand. Einer sagte mir,
daß alle es verlassen haben.
Wer überlebte, der kehrt nie zurück.
Die Hingemordeten liegen unbegraben.
Noch schwirren um die Tempel ihre Seelen.
Die Namen nur wahrt im Archiv der Staat.
Dicht an den Mauern, wo noch Brände schwelen,
säen schon die Nachbarn aus die neue Saat.

Kim Rak So

Im Vorbeireiten vor mich hingesungen

Ein Kranich steht auf einem Hügel hell.
Der Uferrand im Nebel halb verborgen.
Den Enten folgt er nicht. Nur dann und wann
zerreißt sein Schrei den frostigkalten Morgen.

Kim Tschun Hü

Mondnacht

Kühl kommt der Mond, den Hof mir zu erhellen.
An Helle steht er kaum der Sonne nach.
Warum nur auf dem Berg die Hunde bellen?
Der Wind spielt mit dem dürren Laub am Bach.

Tschong Hö Kjo

Nacht im Freien

Nirgendwo seh ich Hütten.
Längst schon hinter den Höhn
ist die Sonne hinabgeglitten.
Im Wald ein trauriges Wehn.
Da werd ich wohl inmitten
der Felder schlafen gehn.

O Tuk Rin

Grenzwacht

Mond über schneebedeckten Gipfeln. Wie man hört,
will heute nacht der Großkhan jagen gehn.
Der letzte Becher wird noch schnell geleert.
Zum Kampf bereit die kühnen Krieger stehn,
in harter Faust gezückt das blanke Schwert.

Tschong Jak Jong

Lob des Steinquells

Die Quelle will – sie muß nach außen drängen.
Die Steine sind wie Zähne, beißen fest.
Sie beißt zurück, um ihr Gebiß zu sprengen,
mit einer Kraft, die sich nicht zähmen läßt –
und drängt sich, zwängt sich durch und bricht
hinaus aus jener dunklen, engen
Steinhöhlenwelt ins helle Tageslicht.

Tschong Jak Jong

Wer sollte da nicht glücklich sein?

Im Pavillon mit einem Krug voll Wein.
Der Bambushain glitzert im Mondenschein.
Und Becher um Becher allein geleert.
Ein trunkenes Lied fegt die Welt wieder rein.
Der Schmerz, der Schmutz – hinweggekehrt!
Wer sollte da nicht glücklich sein?

Den Gipfel erklommen im Sonnenschein.
Aufwallen die Nebel und hüllen ihn ein.
Der Wind pfeift wieder die Sonne hervor.
Rings recken die Berge in schwingenden Reihn
stolz ihre spitzhütigen Häupter empor.
Wer sollte da nicht glücklich sein?

In der Kaiserstadt eingeengt, einsam, allein;
wie im goldenen Käfig die Hofpapagein,
flügellahm, eng ins Gestäbe gezwängt –
Ein Peitschenknall. Hei! über Stock und Stein
hinaus in die Felder, ins Freie gesprengt!
Wer sollte da nicht glücklich sein?

Tschong Jak Jong

Das Lied von den Seewölfen

Der Seewolf schwimmt so schnell und leicht,
als flöge er durchs Meer.
Sein Kopf dem Kopf des Bibers gleicht,
ein Wolfsleib aber ist sein Leib,
und wie der Wolf in Rudeln treibt
er sich im Meer umher.
Die Fische jagt er so geschwind,
daß sie, eh sie ihn sehn,
schon längst von ihm gefressen sind –
Wo Wale jagen gehn,
dort ist das Meer von Fischen leer.
Der Wal frißt alles ringsumher.
Und folgt der Seewolf hinterher,
so platzt er schier vor Wut.
Er findet nicht ein Fischchen mehr –
Rachgierig schrie die Seewolfsbrut:
Wir greifen ihn an!
Wir töten den Wal!
Und sie griffen ihn an
in großer Zahl
genau nach Plan:
Ein Rudel vorn ihm den Kopf zerfetzte,
indes ihn ein Rudel von hinten hetzte.
Von rechts zerfleischte ihn eine Meute;
eine andere kam von der linken Seite.
Von unten bissen sie ihn in den Magen,
und andere packten ihn oben beim Kragen.
Auf seinem Rücken sah man sie reiten.
Sie zerrissen ihn grausam von allen Seiten.

Zum Himmel spritzte ein Wasserstrahl;
in den blutroten Wogen schnaubte der Wal,
schnaubte und wälzte sich hin und her –
Dann glättete mählich sich wieder das Meer.
Wer kann schon der Bande allein widerstehn?
Die Wölfe werden ihn zu Tode beißen.
Allein muß der Stärkste zugrunde gehn –
gerissene Hunde werden ihn zerreißen.
Man fragt sich nur: Was
hat die Seewölfe bewogen,
daß sie den Wal zerfleischten?
Vielleicht Haß?
Was sie heischten,
war doch nur Fraß.
Und das Meer ist groß,
fast grenzenlos.
Warum haben sie ihm das Leben genommen?
Warum nur bloß
sind sie nicht anderswohin
hinaus
ins weite Meer
geschwommen?

Tschong Jak Jong

Das Lied vom Tintenfisch

Ein Tintenfisch schwamm am Meeresrand,
da sah er in der Höh
einen Silberreiher Kreise ziehn,
die Flügel weiß wie Schnee.

Der Tintenfisch reckte den Kopf heraus
und sprach: Was Ihr da tut,
begreif ich nicht. Wer Fische frißt,
braucht keinen Edelmut.

Ich habe meinen Tintensack.
Die Tinte spei ich ins Meer;
den Fischen wird's vor den Augen schwarz,
sie taumeln hin und her.

Sie sehn mich nicht, wenn ich sie schluck.
Mein Tisch ist stets gedeckt.
Was nützt Euch Euer edles Kleid,
das nur die Fische schreckt?

Doch ihr bespiegelt Euch noch in der Flut!
Wärt Ihr auch zehnmal so schön,
die Fische fliehn vor dem weißen Kleid,
das sie von weitem sehn.

Ich rat Euch, wenn Ihr nicht hungern wollt,
laßt fahren alle Zweifel,
und bittet, falls Ihr ihn jemals trefft,
demütig den Tintenteufel,

daß er Euch die Flügel tintig macht,
den Körper klein und gedrungen.
Dann habt Ihr zu fressen noch und noch,
Ihr und die Frau und die Jungen.

Der Reiher sprach zum Tintenfisch:
Ich weiß Euren Rat zu schätzen.
Doch was mir der Himmel an Edlem gab,
möcht ich nicht gerne verletzen.

Was nützt es, wenn ich den Schlund mir stopf
und mich selber dabei verliere!
Ich nehm nur mein Teil und verfolge sie nicht,
die Fische und Meerestiere.

Nur was mir bestimmt ist, das nehme ich;
den anderen laß ich das Ihre –
Der Tintenfisch spuckte Tinte aus
und sagte zum Reiher rundheraus:
Esel! Dann hungre und krepiere!

Tschong Jak Jong

Dauerregen

Es regnet, regnet, wallt und wallt
ein Schwall herab, als gäb es nie ein Ende.
Erschöpft ist unser Vorrat bald.
Verzweifelt ringen wir die Hände.
Die Kohlen auf dem Herd verglimmen.
Das Wasser auf dem Boden sammelt sich.
Der Junge nimmt ein Hölzchen, läßt es schwimmen
und nennt es Boot und freut sich königlich.

Tschong Jak Jong

Wenn es mich packt

Als Junge träumte ich vom Glorienschein
der alten Weisen, strebte ihnen nach.
Ich wurde älter, wollte tüchtig sein –
bis mir das Alter jeden Traum zerbrach.
Heut mach ich mich selbst vor den Dümmsten klein.
Nur manchmal hackt der Schmerz noch auf mich ein:
Dann packt es mich, und lange lieg ich wach …

Kim Kjong Tschik

Mondnacht

Ich denke über manches nach im Liegen:
Die Zeit verflüchtigt sich, nicht das Gefühl
der Jahre, die an mir vorüberfliegen.
Hoch in den dunklen Himmel klar und kühl
ist längst der runde Mond emporgestiegen.
Da horch ich auf und lausch wie Lautenspiel
den Föhren, die sich sanft im Winde wiegen.

Ri Sang Su

Das Bambussprößchen an der Hauswand

Das Bambussprößchen sprang
im Donner gestern nacht
und ist voll Überschwang
zum Leben aufgewacht.
Es wüchs in seinem Drang
ins Wolkenmeer hinauf,
hielt nicht der Überhang
des Dachs sein Wachstum auf.

Jun Rak Ho

Das Standbild

Ein Mann aus Holz, gestützt auf einen Stab,
der selbst den Spatzen nicht geheuer ist.
Kein leerer Name überlebt das Grab.
Du wirst schon sehn, wie dich der Wurm zerfrißt.
Mußt du dir selber Kummer denn bereiten?
Wenn du Verstand hast, scher dich weg beizeiten!

Tschö Jong Rjon

Das Stehaufmännchen

Wenn es auch äußerlich dem Menschen gleicht,
bleibt es für ihn doch ewig unerreicht –
Prompt richtet es sich auf nach jedem Fall.
Uns Menschen fehlt der Stehaufgeist vielleicht.

Rju Rin Sog

Kanonen

1.

Vernichten wollen sie, nicht nur verwunden.
Was gibt es Böseres, als sich zu freun,
hat man ein neues Instrument erfunden,
die Macht der Mörder weiter auszustreun!

Der Himmel gab dem Menschen, daß ihm teuer
das Leben sei, ein Herz. In ihrer Gier
nach Mord sind das noch Menschen? – Ungeheuer,
Bestien, tierischer noch als das Tier!

2.

Wenn das nicht endet, wird die Welt vernichtet.
Soll das des Himmels letzter Ratschluß sein?
Käm doch ein Held, der die Vernichter richtet,
um statt Vernichtung Güte auszustreun!

Zeittafel der koreanischen Dynastien

57 v. u. Z.–668 u. Z. Alt-Silla-Dynastie
37 v. u. Z.–668 u. Z. Kogurjo-Dynastie
18 v. u. Z.– 668 u. Z. Päktsche-Dynastie
668–935 Groß-Silla-Dynastie
918–1392 Korjo-Dynastie
1392–1910 Ri-Dynastie

Inhalt

ISSN 0233-1047
ISBN 3-7351-0099-6

Insel-Verlag Anton Kippenberg, Leipzig
Erste Auflage
Lizenz Nr. 351/260/35/88 LSV 7285
Gesetzt in der Offizin Andersen Nexö, Leipzig,
gedruckt in den Druckwerkstätten Stollberg,
gebunden in der Kunst- und Verlagsbuchbinderei, Leipzig
Schrift: Garamond
Printed in the German Democratic Republic
Bestell-Nr. 787 373 0